BEI GRIN MACHT SICH IHR WISSEN BEZAHLT

- Wir veröffentlichen Ihre Hausarbeit,
  Bachelor- und Masterarbeit

- Ihr eigenes eBook und Buch -
  weltweit in allen wichtigen Shops

- Verdienen Sie an jedem Verkauf

Jetzt bei www.GRIN.com hochladen
und kostenlos publizieren

Malte Peters

Phänomen Wechselwähler

Welche Erklärungskraft haben die unterschiedlichen Ansätze der Wahlforschung?

GRIN Verlag

Bibliografische Information der Deutschen Nationalbibliothek:

Die Deutsche Bibliothek verzeichnet diese Publikation in der Deutschen National-
bibliografie; detaillierte bibliografische Daten sind im Internet über http://dnb.d-
nb.de/ abrufbar.

Dieses Werk sowie alle darin enthaltenen einzelnen Beiträge und Abbildungen
sind urheberrechtlich geschützt. Jede Verwertung, die nicht ausdrücklich vom
Urheberrechtsschutz zugelassen ist, bedarf der vorherigen Zustimmung des Verla-
ges. Das gilt insbesondere für Vervielfältigungen, Bearbeitungen, Übersetzungen,
Mikroverfilmungen, Auswertungen durch Datenbanken und für die Einspeicherung
und Verarbeitung in elektronische Systeme. Alle Rechte, auch die des auszugsweisen
Nachdrucks, der fotomechanischen Wiedergabe (einschließlich Mikrokopie) sowie
der Auswertung durch Datenbanken oder ähnliche Einrichtungen, vorbehalten.

Impressum:

Copyright © 2005 GRIN Verlag GmbH
Druck und Bindung: Books on Demand GmbH, Norderstedt Germany
ISBN: 978-3-640-43225-7

Dieses Buch bei GRIN:

http://www.grin.com/de/e-book/135327/phaenomen-wechselwaehler

GRIN - Your knowledge has value

Der GRIN Verlag publiziert seit 1998 wissenschaftliche Arbeiten von Studenten, Hochschullehrern und anderen Akademikern als eBook und gedrucktes Buch. Die Verlagswebsite www.grin.com ist die ideale Plattform zur Veröffentlichung von Hausarbeiten, Abschlussarbeiten, wissenschaftlichen Aufsätzen, Dissertationen und Fachbüchern.

Besuchen Sie uns im Internet:

http://www.grin.com/

http://www.facebook.com/grincom

http://www.twitter.com/grin_com

Westfälische Wilhelms-Universität Münster

Institut für Politikwissenschaft

Wintersemester 2000 / 2001

Hauptseminar: Das Parteiensystem in der Krise?

Phänomen Wechselwähler

Welche Erklärungskraft haben die unterschiedlichen Ansätze der Wahlforschung?

Malte Peters

Kommunikationswissenschaft (5. FS)

Politikwissenschaft (5. FS)

Deutsche Philologie (5. FS)

Inhaltsverzeichnis

1 Einleitung

In einer demokratisch organisierten Gesellschaft erfüllen Wahlen bekanntlich die Funktion, politische Herrschaft für eine begrenzte Zeitspanne zu legitimieren. Legitimität wird erreicht, indem die parlamentarischen Mehrheitsverhältnisse, die unmittelbar aus Wahlen resultieren, darüber entscheiden, ob eine politische Kraft die Regierung bilden darf oder sich mit der Rolle der Opposition begnügen muss. Ist eine Legislaturperiode verstrichen, verliert die jeweilige politische Führung ihre demokratische Legitimation, und es wird erneut gewählt. Dabei kann sowohl die aktuelle Regierung bestätigt als auch die bisherige Opposition mit der Staatsführung beauftragt werden.[1] Wahlen sind also für Parteien und andere politische Kräfte von großer Bedeutung, denn nur über Wahlen können sie die Macht erlangen, um ihre Interessen und Ziele zu verwirklichen. Einer bestimmten Wählergruppe kommt in diesem Zusammenhang eine besondere Relevanz zu - den Wechselwählern. Im Gegensatz zu den Stammwählern, die ihr Leben lang ausschließlich für eine bestimmte Partei stimmen, sind sie für Veränderungen verantwortlich und ermöglichen Machtverschiebungen bzw. -wechsel. Würde es keine Wechselwähler geben, wären Wahlen überflüssig, da sich ein einziges Wahlergebnis immerzu wiederholen würde; ein einmal gefundener Status Quo bliebe auf ewig unverändert. Die Forschungsgruppe Wahlen formulierte die dargestellte Bedeutung der Wechselwähler für Politik und Forschung wie folgt:

> Wieviele Wähler zwischen zwei Wahlterminen ihre Wahlentscheidung ändern, zwischen welchen Parteien sie wechseln oder eventuell nicht wählen, ist sicher eine der interessantesten Fragen der Wahlforschung, für Politiker und Parteien vielleicht sogar die wichtigste überhaupt. (Forschungsgruppe Wahlen 1985: 22)

Die vorliegende Analyse widmet sich dem Phänomen des Wechselwählers nun anhand von zwei Fragen. Zum Einen soll untersucht werden, wie sich wechselndes Wahlverhalten erklären lässt, zum Anderen wird die in der Politikwissenschaft weit verbreitete Auffassung überprüft, der Anteil der Wechselwähler an der gesamten Wählerschaft sei in den vergangenen Jahrzehnten beträchtlich gestiegen. Auf der Suche nach einer Erklärung für

---

[1] Gelegentliche Machtwechsel gelten gemeinhin als Beweise für das Funktionieren einer Demokratie (Vgl. Korte-Krieger 1994: 11).

wechselnde Wahlentscheidungen kann leider auf keine umfassende Theorie des Wahlverhaltens zurückgegriffen werden. Stattdessen hat die Politikwissenschaft zahlreiche unterschiedliche Forschungsansätze hervorgebracht. Daher werden im Folgenden die wichtigsten Theorietraditionen aufgezeigt und auf ihre Erklärungskraft im Bezug auf schwankendes Wahlverhalten analysiert. Bevor jedoch weiter von Wechselwählern die Rede ist, muss eindeutig definiert werden, welche Verhaltensweisen dieser Begriff umfasst.

2 Definition: Wechselwähler

In der politikwissenschaftlichen Fachliteratur - insbesondere in einführenden Texten - wird der Begriff des Wechselwählers häufig nicht eindeutig definiert. Stattdessen wird er geradezu sorglos in seiner alltagssprachlichen Bedeutung verwendet, während seine semantische Vielfalt unbeachtet bleibt.[2] Ist dieses Vorgehen für Autoren einführender Literatur unvermeidbar, weil sie den gesamten Bereich der Politikwissenschaft erfassen wollen und somit zu einer knappen Darstellungsweise gezwungen sind, so sollte eine Analyse, die sich auf den Wechselwähler konzentriert, eine genaue Definition desselben leisten. Zumindest muss auf die Problematik verschiedener Bedeutungsvarianten hingewiesen werden.

Am wichtigsten ist in diesem Zusammenhang wohl die Frage, ob Nichtwähler zu den Wechselwählern zählen oder nicht. Denn in gewisser Weise ändert ein Wähler, der sich im Gegensatz zur vorausgehenden Wahl seiner Stimme enthält, seine Wahlentscheidung; er wechselt sie. Beantworten lässt sich diese Frage am besten wie folgt:

Bisher existiert innerhalb der Politikwissenschaft keine allgemein anerkannte Erklärung für wechselndes Wählerverhalten. Daher ist es also denkbar, dass die Phänomene Nichtwahl und Wechselwahl auf unterschiedliche Faktoren zurückzuführen sind. Aus diesem Grund ist es von Vorteil, Begriffe und Analyseeinheiten möglichst eng zu definieren, um nicht ungewollt eine Mischung mehrerer Zusammenhänge zu erfassen. Enge Definitionen vereinfachen also die Ursachenanalyse. Und falls Nicht- und Wechselwahl

---

[2] Vergleiche beispielhaft: Andersen / Woyke 2000: 634, Kevenhörster 1997: 197

schließlich doch aus den gleichen Faktoren resultieren, kann die Definition des Wechselwählers problemlos um das Lager der Nichtwähler erweitert werden.

Besonders gut zu erkennen ist das beschriebene Prinzip - möglichst differenziert definieren, solange eine umfassende Theorie fehlt - an der empirischen Forschung. Beispielhaft wird hier eine Erhebung von Rüdiger Schmitt-Beck und Peter R. Schrott zum Thema "Dealigment durch Massenmedien" angeführt. Ohne es explizit zu erwähnen, grenzen die beiden Autoren das Phänomen des Nichtwählers von vornherein aus. Weiterhin spalten sie - und das nun explizit - die verbliebenen Wechselwähler in drei Gruppen auf. Es wird unterschieden zwischen Wechselwahl in Form "des Stimmensplittings, des Parteiwechsels seit der letzten Wahl [und] des Wechsels von Wahlabsichten im Verlauf des Wahlkampfes" (Schmitt-Beck / Schrott 1994: 546). Im Umkehrschluss bedeutet das Faktum, dass die empirische Forschung auf exakte Definitionen angewiesen ist, allerdings nicht, dass im Zusammenhang mit theoretischen Überlegungen auf diese verzichtet werden kann. Vielmehr sollte auch hier möglichst genau festgelegt werden, worüber räsoniert wird. Unter dem Begriff des Wechselwählers wird also im weiteren Verlauf der vorliegenden Hausarbeit Folgendes verstanden: Ein Wechselwähler für die Dauer einer Legislaturperiode ist, wer im Vergleich zur vorausgehenden Wahl gleichen Typs seine Stimme einer anderen Partei gibt. Wer lediglich seine Wahlentscheidung kritisch überprüft oder nicht an der Wahl teil nimmt, zählt vorerst nicht zur Gruppe der Wechselwähler.

3 Zunehmende Volatilität des Wahlverhaltens?

Im Kontext des tiefgreifenden sozialen Wandels, den die Gesellschaften der westlichen Industrienationen seit Ende der 60er Jahre vollziehen, ist in der Politikwissenschaft häufig auch von einer angeblich wachsenden Wechselwählerschar die Rede.[3] Aus veränderten sozialen Verhältnissen wird mehr oder weniger unmittelbar auf ein verändertes Wahlverhalten geschlossen. Uwe Andersen und Wichard Woyke argumentieren beispielsweise in ihrem Standardwerk "Handwörterbuch des politischen Systems" gemäß dieser Logik. Nachdem sie die Beschaffenheit des sozialen Wandels skizziert haben, treffen Andersen und Woyke folgende Aussage:

---

[3] Unter Punkt 4 findet sich eine ausführliche Darstellung des angesprochenen sozialen Wandels.

Nach wie vor bestimmen die parteigebundenen Stammwähler das Bild, wenngleich die Zahl der Wechselwähler doch beachtlich angestiegen ist, vor allem dann, wenn man die Wahlen sämtlicher politischer Systemebenen, also auch Landtags- und Europawahlen, mit in die Betrachtung einbezieht. (Andersen / Woyke 2000: 634)

Den Anteil der Wechselwähler bei Bundestagswahlen beziffern sie mittlerweile mit 15 bis 20 % (Vgl. Andersen / Woyke 2000: 634). Außer Andersen und Woyke sieht unter anderem auch Paul Kevenhörster die sozialen Umwälzungen der vergangenen 30 Jahre von schwächer werdenden Parteibindungen, rascherem Wählerwechsel und häufigerer Nichtwahl begleitet (Vgl. Kevenhörster 1997: 208).

Obwohl die naheliegende Schlussfolgerung, dass eine veränderte Sozialstruktur nicht ohne Auswirkungen auf das gesellschaftliche Wahlverhalten sein kann, auf breite sozialwissenschaftliche Zustimmung stößt, wird sie doch vereinzelt kritisch hinterfragt. So hat beispielsweise Ute Korte-Krieger die zahlenmäßige Entwicklung der Wechselwähler-gemeinschaft bei Bundestagswahlen untersucht und herausgefunden, dass der Anteil der Wechselwähler zwischen 1961 und 1990 relativ konstant bei 10 % zu verorten ist (Vgl. Korte-Krieger 1994: 23).[4] Auf eine ganz andere Art und Weise versucht Carsten Zelle in seiner Dissertation, den logischen Schluss, veränderte soziale Verhältnisse führen zu verändertem Wahlverhalten, einzuschränken. Er bestreitet dazu weder die Existenz des sozialen Wandel noch eines veränderten, volatileren Wahlverhaltens. Auch einen gewissen Zusammenhang der beiden Phänomene erkennt er an. Allerdings schlägt er eine Alternativerklärung für das veränderte Wahlverhalten vor, die seiner Meinung nach eine weitaus größere Erklärungskraft besitze als die soziale Entwicklung der westlichen Gesellschaften. (Vgl. Zelle 1995)

4. Sozialer Wandel

Im Unterschied zur These einer womöglich anwachsenden Wechselwähler-schaft ist die bereits angesprochene Annahme eines tiefgreifenden sozialen

---

[4]   Auffällig ist die relativ große Differenz zu dem von Andersen / Woyke genannten und sich auf die Bundestagswahlen von 1998 beziehenden Wert. Mögliche Erklärungen sind hier das in Folge der Wiedervereinigung 1990 zahlenmäßig gewachsene Elektorat oder schlicht - gemäß der unter Punkt 2 geschilderten Problematik - unterschiedliche Definitionen des Wechselwählers.

Wandels westlicher Industrienationen wissenschaftlich unumstritten. Nachdem dieser Wandel an den ausgewählten Faktoren *Bildung, Bindungskraft gesellschaftlicher Organisationen* und *Beschäftigungsstruktur* nachgezeichnet sein wird, wird deutlich sein, dass die sozialen Veränderungen der vergangenen dreißig Jahre auch nur schwerlich zu leugnen wären.

Bildung: Noch 1960 verfügten 87 % der 15 bis 64jährigen westdeutschen Bevölkerung lediglich über einen Volks- bzw. Hauptschulabschluss. 9 % konnten immerhin einen Realschulabschluss, also die mittlere Reife, vorweisen und nur 4 % hatten das Gymnasium besucht. 30 Jahre später bietet sich ein stark verändertes Bild. 1990 waren 17 % der Westdeutschen im Besitz des Abiturs (rund viermal so viele wie 1960), 21 % hatten die Realschule absolviert und 57 % die Volks- bzw. Hauptschule abgeschlossen (30 % weniger als noch 1960). (Vgl. Zelle 1995: 39) Berücksichtigt man, dass viele der 87 % Volksschulabsolventen von 1960 auch noch in die Statistik von 1990 eingehen, wird erkennbar, von welchem Ausmaß die Veränderungen zwischen den einzelnen Generationen sein müssen. Es bleibt also festzuhalten, dass in die Bevölkerung der Bundesrepublik Deutschland immer länger zur Schule geht und auch höher qualifizierte Abschlüsse erwirbt.[5]

Bindungskraft gesellschaftlicher Organisationen: Der Begriff der gesellschaftlichen Organisation umfasst überregionale Massenorganisationen wie Gewerkschaften und Kirchen. Die Veränderung bzw. Konstanz ihrer Mitgliederzahlen ist ein valider und relativ problemlos zu erhebender Indikator für sozialen Wandel.

Während sich der prozentuale Anteil der in Gewerkschaften organisierten Arbeitnehmer von 1960 bis 1990 nicht verändert, sind hinsichtlich der Kirchenmitgliedschaft leicht rückläufige Zahlen zu verzeichnen. Gehören 1960 noch 95 % der westdeutschen Bevölkerung der katholischen oder evangelischen Kirche an, sind es 1990 lediglich noch 86 %. Die gesellschaftliche Abkehr von der Religion ist jedoch weitaus höher zu veranschlagen. So nahmen 1960 48 % der deutschen Katholiken an der Eucharistiefeier teil; 1990 waren es lediglich noch 23 %. (Vgl. Zelle 1995: 40)

Beschäftigungsstruktur: Eine Analyse der gesellschaftlichen Beschäftigungs-strukur spaltet die arbeitende Bevölkerung gemäß der Art des jeweils

---

[5] Einschränkend muss hier angemerkt werden, dass durch Veränderungen im Bildungssystem die kognitiven Anforderungen für den Besuch von Realschulen und Gymnasien erheblich reduziert wurden. Auf diesen Zusammenhang kann im Weiteren allerdings nicht eingegangen werden.

ausgeübten Berufes in drei Gruppen (Sektoren)[6] auf. Auf diese Weise konnte beispielsweise um 1900 die industrielle Revolution angemessen erfasst werden. Ein Großteil der in Land- und Forstwirtschaft Beschäftigten (Sektor I) gab in dieser Zeit seinen Beruf auf und suchte sich eine Anstellung in den überall entstehenden Stahlwerken, Bergwerken und Fabriken (Sektor II). Während die industrielle Revolution also geprägt war von einer Veränderung der Beschäftigungsstruktur zu Lasten des I. Sektors und zu Gunsten des II. Sektors, ist der soziale Wandel ab 1960 gekennzeichnet von einem extremen Anstieg an Dienstleistungsberufen (Sektor III). Die Beschäftigungszahlen in den Sektoren I und II gingen im gleichen Zeitraum zurück. 1960 arbeitet 13 % der berufstätigen Bevölkerung in Sektor I, 48 % in Sektor II und 39 % in Sektor III. 1990 dagegen sind   4 % in Sektor I, 41 % in Sektor II und 56 % im III. Sektor beschäftigt. (Vgl. Zelle 1995: 37)

Die Existenz eines gesamtgesellschaftlichen Wandels, der unter anderem durch Bildungsexpansion, nachlassende religiöse Bindungen und eine vermehrte Beschäftigung im III. Sektor gekennzeichnet ist, ist also durchaus deutlich zu erkennen.

5 Theorien des Wahlverhaltens

Wie bereits in der Einleitung erwähnt, existieren innerhalb der Politikwissenschaft statt einer umfassenden Theorie des Wahlverhaltens viele verschiedene Ansätze, die jeweils unterschiedliche Analysefokusse besitzen. Trotz dieser offensichtlichen Theorienvielfalt besteht jedoch ein weitgehender Konsens darüber, dass Wahlverhalten im Wesentlichen aus zwei Faktoren zu erklären ist. Heftig umstritten ist allerdings die Frage, welcher der beiden Faktoren dominiert und folglich von größerer Erklärungs- bzw. Prognosekraft ist. Die Diskussion, wer in der angesprochene Kontroverse die überzeugenderen Argumente zu bieten hat, soll jedoch auf später verschoben werden. An dieser Stelle ist es interessanter, dass sich die zahlreichen politikwissenschaftlichen Ansätze zum Thema Wahlforschung mit Hilfe der zwei anerkannten Erklärungsfaktoren systematisieren lassen. Dazu muss lediglich herausgefunden werden, welches Erklärungsmuster der entsprechende Ansatz

---

[6] Sektor I = Land, oder Forstwirtschaft; Sektor II = Industrie; Sektor III = Dienstleistungen

verwendet. Sämtliche Theorien können auf diese Weise folgenden zwei Lagern zugeordnet werden.

Einerseits wird Wahlverhalten von "langfristig-strukturellen Determinanten" (Schultze 1991: 11) bestimmt. Will meinen: Die Gesellschaftsstruktur, das vorherrschende politische System, die Medienlandschaft, kulturelle Begebenheiten etc. prägen das gesamtgesellschaftliche Wahlverhalten. Daher beschäftigen sich Theorien, die dem Lager langfristig-struktureller Einflüsse zugerechnet werden, damit, die Beziehungen zwischen gesellschaftlichen Strukturen und Wahlentscheidungen offenzulegen.

Andererseits konstituiert sich Wahlverhalten auch durch "politische[.] Kurzzeiteinflüsse[.]" (Schultze 1991: 11). Mit politischen Kurzzeiteinflüssen sind etwa Kandidatenalternativen, unterschiedliche Haltungen der Parteien zu aktuellen Streitthemen oder Wahlkämpfe gemeint. Vertreter des Lagers politischer Kurzzeiteinflüsse vernachlässigen folglich langfristige gesellschaftliche Entwicklungen und konzentrieren sich stattdessen auf die Auswirkungen von Ereignissen, die unmittelbar vor einer Wahl stattfinden.

Zuweilen finden sich in der Fachliteratur unterschiedliche Bezeichnungen für die von Rainer-Olaf Schultze langfristig-strukturelle Determinanten und politische Kurzzeiteinflüsse genannten Erklärungsvarianten. Wilhelm P. Bürklin spricht beispielsweise von "stratifikationstheoretische[n]" und "institutionelle[n]" Ansätzen (Bürklin 1998: 15 - 16). Inhaltlich bestehen zwischen Bürklin und Schultze jedoch keine Differenzen.

Für das politische System, also die Vertreter von Regierung und Opposition, ist es von besonderer Bedeutung herauszufinden, ob Wahlentscheidungen eher langfristig oder kurzfristig entstehen. Denn wenn die Hand des Wählers an der Urne weitgehend durch strukturelle Bedingungen bestimmt wird und gegen aktuelle Ereignisse quasi immun ist, könnten politische Akteure so gut wie keinen Einfluss auf Wahlentscheidungen nehmen; intensive, thematische Wahlkämpfe wären im Grunde überflüssig. Dominieren dagegen kurzfristige Faktoren, lohnt sich für die Politik eine engagierte Wahlkampfarbeit um so mehr.

5.1 Columbia School

Die Tradition der langfristig-strukturellen Wahlforschung hat ihren Ursprung in den USA und geht auf Paul F. Lazarsfeld zurück. Lazarsfeld, der an der University of Columbia lehrte, untersuchte 1944 in seiner wohl bekanntesten Studie "The people's choice. How the voter makes up his mind in a presidential campaign", auf welche Weise der amerikanische Präsidentschaftswahlkampf das tatsächliche Wahlverhalten beeinflusst. Neben anderen erstaunlichen Ergebnissen wie der Entdeckung des opinion-leaders, stellte Lazarsfeld auch fest, dass der sowohl von Republikanern als auch von Demokraten aufwendig betriebene Wahlkampf nur sehr geringe Auswirkungen auf die Wahlentscheidungen der befragten US-Bürger hatte. Ganz im Gegenteil, in den meisten Fällen stand schon lange vor Beginn des Wahlkampfes fest, welche(r) Partei / Kandidat gewählt wird. Daraus folgerte Lazarsfeld, dass statt der politisch-thematischen Auseinandersetzungen unmittelbar vor einer Wahl unterschiedliche Sozialisationsmuster für die Stimmenverteilung verantwortlich zu machen sind. Er brachte diesen Zusammenhang auf die Formel: "A person thinks, politically, as he is, socially." (Lazarsfeld 1949: 27). Der Wähler trifft also keine individuelle Entscheidung, sondern ist durch seinen Sozialisationsverlauf so stark geprägt, dass sich gewissermaßen von selbst ergibt, welches politische Lager zu wählen ist.

Um diese geforderte politische Prägung empirisch zu operationalisieren, entwickelte Lazarsfeld den "Index of political predisposition", in den insbesondere die Faktoren sozioökonomischer Status, Konfession, Beruf und Land / Stadt einfließen. Mit seiner Hilfe können gesellschaftliche Gruppen mit ähnlichen Wahlnormen identifiziert werden. Außerdem erlauben nach Lazarsfeld auch Kenntnisse von den sozialen Milieus, in denen sich ein Individuum bewegt, Rückschlüsse auf das Wahlverhalten. (Vgl. Andersen / Woyke 2000: 645)

Wechselnde Wahlentscheidungen erklärt Lazarsfeld unter Rückgriff auf Simmels Theorie sich kreuzender Kreise mit sogenannten Cross-pressure-Situationen. Demnach ist es möglich, dass einzelne Wähler sozialen Gruppen angehören, die gegensätzliche politische Interessen verfolgen. Als meistverwendetes Beispiel dient in diesem Zusammenhang der gewerkschaftlich organisierte Arbeiter, der zugleich bekennendes Mitglied der katholischen Kirche ist. Derartige Cross-pressure-Konstellationen können dazu führen, dass politische Orientierungen und Wahlentscheidungen gewechselt werden - auch wiederholt. Die Stimmabgabe orientiert sich jeweils daran, welche aus Sozialisation und Gruppenzugehörigkeit erworbenen Interessen von ihr am meisten betroffen sind. (Vgl. Lazarsfeld 1969: 102-104)

Obwohl der Lazarsfeldsche Ansatz im Hinblick auf kurze Zeiträume vorwiegend konstantes Wahlverhalten erklären kann, muss er dennoch nicht vor umfassenden Veränderungen des gesellschaftlichen Wahlverhaltens kapitulieren. Voraussetzung dafür ist allerdings, dass es sich um einen langfristigen Wandel handelt. Denn da der Sozialisationsprozess das zentrale Erklärungselement der Theorie bildet, sind kurzfristige Veränderungen größeren Ausmaßes nicht denkbar. Schließlich vollzieht sich auch die Sozialisation eines Menschen über mehrere Jahrzehnte, also einen relativ langen Zeitraum. Ein allmählicher, langfristiger Wandel des Wahlverhaltens, den bekanntlich viele Politikwissenschaftler für die vergangenen drei Dekaden konstatieren (siehe Punkt 3), steht in keinster Weise im Widerspruch zu Lazarsfelds Sozialisationshypothese. Berücksichtigt man den unter Punkt 4 dargestellten sozialen Wandel, gewinnt sie darüber hinaus an Erklärungskraft.

5.2 Michigan School

Lazarsfelds Versuch, Wahlverhalten ausschließlich mit Hilfe langfristiger Variablen zu erklären, blieb nicht unkritisiert. Am häufigsten wurde der Vorwurf laut, die kurzfristigen Einflussfaktoren wären ohne eine überzeugende Begründung ausgeblendet worden. Die Lazarsfeldsche Theorie sei daher unvollständig und nicht in der Lage, die Entstehung von Wahlverhalten angemessen zu beschreiben

Diese grundsätzliche Kritik machten George Belknap und Angus Campbell, die Hauptvertreter der Michigan School, zum Ausgangspunkt ihrer theoretischen Überlegungen. Sie erweiterten kurzerhand das Konzept der Columbia School um die geforderten kurzfristigen Variablen. Ihr Ansatz beruht auf der Annahme, dass "der Wähler sich einer bestimmten Partei enger verbunden fühlt, ihr in der Regel seine Stimme gibt und von diesem Verhalten nur in Ausnahmesituationen abweicht" (Neu 1992: 11). Den Ursprung von Parteibindungen sehen Belknap und Campbell im Sozialisierungsprozess, weshalb dieses Element der Michigan School-Theorie zu Recht als "funktionale[s] Äquivalent" (Schultze 1991: 14) zu Lazarsfelds "Index of political predisposition" bezeichnet werden kann. Die kurzfristigen Variablen, das zweite Element des aus Michigan stammenden Ansatzes, verbergen sich hinter der Formulierung, es werde nur in Ausnahmesituationen abweichend von der jeweiligen Parteibindung gestimmt. Denn eine Ausnahmesituation muss zwangsläufig als kurzfristiger Einfluss definiert werden. Andernfalls würde es sich schließlich um keine Ausnahme, sondern um die Regel handeln. Gemäß Belknap und Campbell trifft der Wähler seine Wahlentscheidung also "aus dem Spannungsverhältnis zwischen der langfristigen Parteibindung und seiner aktuellen Bewertung der Politik" (Neu 1992: 11).

Während es Lazarsfeld primär darum geht, stabiles Wahlverhalten zu erklären, konzentrieren sich die Vertreter der Michigan School darauf, die Hintergründe von volatilen Wahlentscheidungen zu erhellen. Sie betrachten daher die kurzfristigen Variablen genauer und systematisieren sie in zwei Kategorien. Kurzfristige Einflussfaktoren beziehen sich demnach entweder auf die zur Wahl stehenden Kandidaten oder auf aktuelle politische Streitfragen. (Vgl. Schultze 1991: 14). Den letztendlichen Wechsel des Wahlverhalten erklären Belknap und Campbell mit Hilfe des psychologischen Konzeptes kognitiver Dissonanz (Vgl. Andersen / Woyke 2000: 646). Es gilt: Verstößt die von einem beliebigen Wähler favorisierte Partei gegen dessen Werte oder politische Überzeugungen, wird er bei der nächsten Wahl seine Stimme einer anderen Partei geben bzw. sich enthalten. Im Zusammenhang mit der Fragestellung dieser Hausarbeit[7] besitzt die Michigan School gegenüber der Columbia School also ein erweitertes Erklärungspotential, weil sie außer langfristigen Veränderungen auch eventuelle spontane Umschwünge der Wählergunst theoretisch greifbar machen kann.

Interessanter Weise berücksichtigt die Michigan School die erkenntnistheoretische Problematik, dass Individuen sich kein objektives Bild der Gesellschaft / Welt machen können.[8] Daher orientieren sie sich mit ihrem

---

[7] Welche Erklärungskraft besitzen die wichtigsten Ansätze der Wahlforschung im Bezug auf das Thema Wechselwähler?

[8] Namentlich in der Publizistik- und Kommunikationswissenschaft ist diese Problematik in den vergangenen Jahren unter dem Stichwort "Konstruktivismus" intensiv diskutiert worden. Einen

Verhalten folglich auch nicht an der objektiven Realität, sondern an ihrer eigenen Sicht der Dinge. Belknap und Campbell beziehen sich - bewusst oder unbewusst - zweifelsohne auf dieses Phänomen, wenn sie davon sprechen, dass Parteiidentifikation wirkt wie ein "Filter, der Wahrnehmung und Bewertung politischer Ereignisse strukturiert" (Vgl. Andersen / Woyke 2000: 646). Denn wenn Individuen die Realität objektiv betrachten könnten, wären bewertende und strukturierende Mechanismen überflüssig.

5.3 Cleavage-Theorie

Die 1967 von Seymour M. Lipset und Stein Rokkan aufgestellte Cleavage-Theorie überträgt Lazarsfelds Idee einer durch das soziale Umfeld geprägten Wahlentscheidung auf die Makroebene. Während Lazarsfeld die Einwohner einzelner Kleinstädte befragte, analysierten Lipset und Rokkan das gesamtgesellschaftliche Wahlverhalten westlicher Industrienationen. Dabei kamen sie zu dem Ergebnis, dass sich Menschen in modernen Gesellschaften hinsichtlich ihrer Stimmabgabe an vier wesentlichen Konfliktlinien orientieren:

1. Zentrum versus Peripherie
2. Staat versus Kirche
3. Stadt versus Land
4. Kapital versus Arbeit (Vgl. Andersen / Woyke 2000: 645)

Die ersten zwei Konflikte sind historisch auf das Zeitalter der Nationenbildung zurückzuführen. So handelte es sich bei Zentrum und Peripherie ehemals um gleichwertige Regionen, von denen sich eine der anderen unterzuordnen hatte. Ethnische, sprachliche und kulturelle Auseinandersetzungen waren die Folge. Die Differenzen zwischen Staat und Kirche resultieren aus dem Prozess fortschreitender Säkularisierung, in dem der Staat der Kirche immer mehr gesellschaftlichen Einfluss entzogen hat.[9] Die Konflikte 3. und 4. dagegen entstammen der Industrialisierung, was sicherlich keiner weiteren Erklärung bedarf. (Vgl. Schultze 1991: 12-13)

Die Zugehörigkeit zu einem bestimmten Lager wird laut Lipset und Rokkan durch soziale und kulturelle Milieus sowie Bindungen zu gesellschaftlichen bzw.

---

umfassenden Überblick der Kontroverse bieten Siegfried J. Schmidt u. a. in: Merten , Klaus u. a. (Hrsg.)(1994): Die Wirklichkeit der Medien. Opladen. S.188-211.

[9] Beispielhaft seien hier die heftigen Auseinandersetzungen um die Kontrolle des Bildungssystems angeführt.

politischen Gruppen bestimmt. Diese Überlegungen stehen offensichtlich in der Tradition Lazarsfelds und der Columbia School (Vgl. Punkt 5. 1).

Vor dem Hintergrund der gesellschaftlichen Konfliktstruktur (Cleavages) läßt sich erkennen, weshalb sich das europäische Parteiensystem ausgerechnet in seiner heutigen Form herausgebildet hat. Denn die Parteien spiegeln die jeweiligen Kontrahenten eines gesellschaftlichen Cleavages wider. Sie vertreten in einer Art "Repräsentationskoalition" (Bürklin 1998: 16) die Interessen bestimmter sozialer Gruppen auf der politischen Ebene.[10]

Ihre Behauptung, das Parteiensystem sei auf innergesellschaftliche Cleavages zurückzuführen, stützten Lipset und Rokkan auf die Analyse der zeitgenössischen Gesellschaften. Sie führten ihre Beobachtungen jedoch in den 70er Jahren durch und konnten daher keine Hinweise für eine Veränderung des Stimmverhaltens oder Parteiensystems ausmachen. Schließlich vollzog sich der unter Punkt 3 dargestellte soziale Wandel mit seinen kontrovers diskutierten Folgen für das gesellschaftliche Wahlverhalten erst während der vergangenen 30 Jahre. Die beiden Sozialwissenschaftler konstatierten folglich, dass sich die europäische Parteienlandschaft seit den 20er Jahren nicht verändert habe und prägten die Metapher eines eingefrorenen Parteiensystems. "the party system of the 1960s reflect, with few but significant exeptions the cleavage structures of the 1920s" (Lipset / Rokkan 1967: 50).[11] Außerdem erschweren nach Lipset und Rokkan verschiedene institutionelle Hürden die Neugründungen von Parteien und damit auch Veränderungen des Parteiensystems (Vgl. Lipset / Rokkan 1967: 27 - 28).

Wiederum analog zu Lazarsfeld dient die Cleavage-Theorie primär dazu, konstantes Wahlverhalten zu erklären und verweist im Zusammenhang mit Wechselwählern auf das Cross-pressure-Konzept.[12] Daher wird auf eine Diskussion der Erklärungskraft der Cleavage-Theorie im Hinblick auf

---

[10] Die Annahme, Parteien würden stellvertretend die Interessen unterschiedlicher gesellschaftlicher Gruppen vertreten, hat sich mittlerweile in der Politikwissenschaft durchgesetzt. So bezeichnet beispielsweise Paul Kevenhörster die wesentlichen Aufgaben einer Partei mit Interessenartikulation und Interessenaggregation (Kevenhörster 1997: 225-331).

[11] Die Fürsprecher eines im Wandel befindlichen Parteiensystems greifen die physikalische Metapher von Lipset und Rokkan gerne auf und sprechen von einer auftauenden oder aufbrechenden Parteienlandschaft.

[12] Eine ausführliche Darlegung der Cross-pressure-Argumentation findet sich unter 5. 1.

Wechselwähler an dieser Stelle verzichtet und stattdessen auf Punkt 5. 1 verwiesen.

5.4 Rational Choice-Theorie

Im Gegensatz zu sozialdeterministischen Erklärungsmodellen berücksichtigt die Rational Choice-Theorie ausschließlich kurzzeitige Einflussfaktoren, um Wahlverhalten zu analysieren und zu prognostizieren. 1968 erstmals von Anthony Downs formuliert, hat sie sich mittlerweile zum dominierenden Ansatz innerhalb der Wahlforschung entwickelt (Vgl. Bürklin 1998: 98). Der Grundgedanke der Rational Choice-Theorie besteht darin, das ökonomische Prinzip der eigenen Nutzenmaximierung auf politische Entscheidungen, insbesondere Wahlen, zu übertragen. Viola Neu spricht in diesem Zusammenhang vom "Axiom des Rationalitätsprinzips" (Neu 1992: 13), dem zu Folge alle Entscheidung streng rational und im Hinblick auf die persönlichen Konsequenzen getroffen werden. Sowohl der einzelne Wähler als auch die Parteien orientieren ihr Verhalten also am individuellen Nutzen. Dieser Nutzen kann für den Wähler unterschiedliche Formen annehmen; ein Großverdiener profitiert zum Beispiel von der Senkung des Spitzensteuersatzes, alleinerziehende Mütter dagegen von einer Kindergelderhöhung. Parteien streben jedoch nur ein einziges Ziel an - den Wahlerfolg. Da diese Arbeit sich auf den Themenkomplex des Wechselwählers konzentriert, wird das nutzenorientierte Verhalten von Parteien im Folgenden nicht weiter berücksichtigt. Stattdessen steht der individuell und rational entscheidende Wähler im Mittelpunkt.

Wenn der Wähler seine Stimme derjenigen Partei gibt, deren Politik ihm in seiner momentanen Lebenssituation den größten Nutzen bringt, muss er Parteien zwangsläufig anhand von Positionsunterschieden und Streitfragen unterscheiden. Andernfalls wäre eine rationale Entscheidung unmöglich. Dafür, dass sich eine derartige Kontroverse zwischen zwei Parteien auf das Wahlverhalten auswirken kann, bedarf es weiterer Bedingungen. So muss der Diskurs, also die Differenz, vom Wähler überhaupt wahrgenommen werden. Außerdem kommt es nur dann zu einer Beeinflussung der Wahlentscheidung, wenn der Wähler die entsprechende Sachfrage auch für relevant erachtet. (Vgl. Schultze 1991: 15-17)

Wie schon die Michigan School berücksichtigt auch die Rational Choice-Theorie, dass Menschen nicht in der Lage sind, die Realität um sie herum objektiv wahrzunehmen.[13] Es ist daher nicht von Bedeutung, welche Folgen eine Wahlentscheidung für den entsprechenden Wähler tatsächlich hat. Wichtig ist nur, dass der Wähler eine "subjektive Verbindung von Zielen mit der Stimmabgabe" (Kaltefleiter /Nißen 1980: 120) herstellt.[14] Eine ähnliche Erklärung verbirgt sich hinter dem Phänomen, dass keinerlei Zusammenhang zwischen Wahlverhalten und Problemlösungskompetenz einer Partei festgestellt werden kann. Denn die personellen und organisatorischen Strukturen von Parteien sind viel zu komplex, als dass sie der Wähler durchschauen und gegeneinander abwägen könnte. Deshalb erhält seine Stimme diejenige Partei, der auf der Grundlage von Erfahrungen in der Vergangenheit die größte Problemlösungskompetenz zugeschrieben wird. (Vgl. Andersen / Woyke 2000: 646).

Waren Columbia School und Cleavage-Theorie noch davon ausgegangen, dass das Elektorat zum Großteil aus schlecht informierten Menschen besteht, die an Stelle der Fähigkeit zur individuellen Meinungsbildung eine kollektive politische Prägung besitzten, gibt die Rational Choice-Theorie völlig andere Prämissen vor. Denn auch wenn sich die Einschätzungen der Wählerschaft nicht völlig mit den tatsächlichen Verhältnissen decken, setzen rationale Entscheidungen voraus, dass jeder Wähler sich sowohl politische Informationen besorgt als auch mit ihnen auseinandersetzt. Dem Bild des uninteressierten und uninformierten Wählers wird also ein aktiver und neugieriger Wählertypus entgegengestellt. In dieser Hinsicht wird die Rational Choice-Theorie von der in Punkt 4 dargestellten Bildungsexplosion empirisch gestützt. Auch in der aktuellen politikwissenschaftlichen Diskussion hat sich der Gedanke des informierten und entscheidungsfähigen Wählers durchgesetzt. So spricht Kevenhörster beispielsweise von einem Trend - hin zum informierten Wähler -, der als "kognitive Mobilisierung" bezeichnet wird (Vgl. Kevenhörster 1997: 199).

---

[13] Vergleiche den erkenntnistheoretischen Einschub am Ende von Punkt 5. 2.

[14] Ein eindrucksvoller Beleg dafür, dass für die individuelle Wahlentscheidung die Realität nur einer von vielen Einflüssen ist, stellt Sebastian Haffners 1980 veröffentlichtes Buch "Überlegungen eines Wechselwählers" dar. Für den heutigen Leser überaus amüsant schildert Haffner über gut 170 Seiten, welch verheerende Folgen es für die bundesdeutsche Demokratie hätte, wenn die anarchistischen Grünen in den Bundestag gelangen würden. Ein Beispiel: "Insofern sind die Grünen eine Gefahr nicht nur für die technische Zivilisation [...] sondern auch für die Demokratie in Deutschland." (Haffner 1980: 134).

Trotz der Tatsache, dass die Rational Choice-Theorie momentan die beliebteste Theorie der Wahlforschung darstellt, ist sie nicht in der Lage, Wahlverhalten ausreichend zu beschreiben. Bürklin offenbart die wesentliche Schwäche der Rational Choice-Theorie eindrucksvoll anhand des Paradoxons der Wahlbeteiligung. Denn die Wahrscheinlichkeit, in einer Massendemokratie die wahlentscheidende Stimme abzugeben, ist derart gering, dass der daraus resultierende Nutzen die Kosten für eine Wahlbeteiligung nicht aufwiegt. Die Chance, das eigene Leben über die Teilnahme am demokratischen Prozess zu verändern, tendiert gegen null. Oder anders gesagt: "Der Stimmzettel des einzelnen ist nur ein Tropfen im Ozean" (Bürklin 1998: 114). Folglich gebietet die Logik der Rational Choice-Theorie aufgrund ihrer rationalen Kosten/Nutzen-Abwägung, dass es keinen Sinn macht, sich an Wahlen zu beteiligen. Obwohl eine rationale Theorie sich gut dazu eignet, Stimmenverteilungen zu verstehen, ist sie also mit dem Problem konfrontiert, nicht erklären zu können, weshalb Menschen überhaupt zur Wahl gehen. Die einzige Lösung besteht laut Bürklin in einem Rückgriff auf Werte. Demnach existiert eine gesellschaftliche Norm oder Bürgerpflicht, an Wahlen teilzunehmen. (Vgl. Bürklin 1998: 114-122) Weil Werte aber zweifellos durch Sozialisation und soziale Milieus vermittelt werden, ergänzt Bürklin damit die Rational Choice-Theorie um ein sozialdeterministisches Element. Er schafft gewissermaßen eine Verbindung zu Lazarsfeld bzw. Lipset und Rokkan.

Um volatiles Wahlverhalten zu erklären, eignet sich wohl keine der vorgestellten Ansätze besser als die Rational Choice-Theorie. Denn weil sie langfristige Faktoren ausblendet, überfordern sie selbst stark schwankende Wahlergebnisse nicht. Können entsprechende kurzfristige Einflüsse ausfindig gemacht werden, bietet die Rational Choice-Theorie auch im Hinblick auf große Wechselwählerscharen ein solides theoretisches Deutungsmuster. Als aktuelles Beispiel für kurzfristige Einflüsse kann die Finanzaffäre in Berlin gesehen werden. Mit der Rational Choice-Theorie ist es möglich theoretisch zu begründen, weshalb für die von SPD, Grünen und PDS erzwungenen Neuwahlen ein anderer Ausgang erwartet wird als es ihn noch bei der vorausgehenden Berlinwahl gegeben hat.

6 Schlussbemerkung

Nachdem ausführlich dargestellt wurde, welche theoretischen Ansätze die Wahlforschung hervorgebracht hat, und dass im wesentlichen zwei Erklärungsmuster (langfristige Einflüsse / kurzfristige Einflüsse) verwendet werden, gilt es zu entscheiden, ob sich diese gegenseitig ausschließen oder nicht. Weil es keine haltbare Argumentation dafür gibt, dass Wahlverhalten nicht sowohl durch kurzfristige als auch durch langfristige Faktoren bestimmt ist, widersprechen sich die beiden Erklärungsmuster nicht. Diese Auffassung wird auch nahezu einhellig in der Fachliteratur vertreten.[15] Nur noch vereinzelt versuchen sich Autoren der Frage nach dem Einfluss kurzfristiger und langfristiger Faktoren mit der Entweder/Oder-Schablone zu nähern.

Schwer zu verstehen ist in diesem Zusammenhang die bereits erwähnte Dominanz des Rational Choice-Ansatzes. Wieso konzentriert sich die Wahlforschung auf eine Theorie, die ausschließlich kurzfristige Entwicklungen berücksichtigt, wenn man sich darüber einig ist, dass auch langfristige Faktoren sich auf das Wahlverhalten auswirkten? Eine einleuchtende Erklärung dafür findet sich bei Bürklin. Ihm zu Folge bietet die Rational Choice-Theorie den "Vorteil der größeren Einfachheit und Klarheit" (Bürklin 1998: 95). Die sozialdeterministischen Ansätze dagegen seien aufgrund der großen Komplexität des menschlichen Verhaltens nicht zu präzisen Aussagen in der Lage. Darüber hinaus kann vermutet werden, dass Ergebnisse von Rational Choice-Studien bei Parteien und Politikern besonders begehrt sind, weil sie Wege aufweisen, wie in möglichst kurzer Zeit möglichst viele Stimmen hinzugewonnen werden können. Aber so verständlich die politikwissenschaftliche Vorliebe für die Rational Choice-Theorie auch sein mag, es darf bei lauter Einfachheit und praktischem Nutzen nicht vergessen werden, dass Wahlverhalten allein durch Kosten/Nutzen-Überlegungen nicht vollständig beschrieben werden kann. Bürklins Wahlparadoxon beweist das Gegenteil. Vor Komplexität und der Forderung nach unmittelbarer Praxisrelevanz zu kapitulieren, hieße, jeglichen wissenschaftlichen Anspruch aufzugeben.

---

[15] Vergleiche beispielhaft: Andersen / Woyke 2000: 646, Kevenhörster 1997: 204, Schultze 1991: 12

Statt sich auf einen theoretischen Ansatz festzulegen, sollte die Politikwissenschaft der Komplexität menschlichen Verhaltens vielmehr mit einer Vielzahl sich ergänzender Theorien gegenübertreten. Der Gedanke, die Vorstellung einer umfassenden Theorie des Wahlverhaltens zu Gunsten eines ganzen Sets verschiedener Ansätze aufzugeben, mag auf den ersten Blick merkwürdig erscheinen, ist aber die einzige Möglichkeit, sowohl Komplexität als auch Operationalisierbarkeit gerecht zu werden. Je nachdem, welcher Frage eine Studie nachgeht, sollte der geeigneteste Ansatz ausgesucht werden. Zum Einen müsste dabei exakt begründet werden, weshalb der gewählte Ansatz angewandt wird. Zum Anderen dürfte nicht vergessen werden, dass bei jeder Theorie mögliche weitere Einflussfaktoren ausgeblendet sind.

Weiterhin kann an dieser Stelle mangels eigener empirischer Daten nicht zweifelsfrei darüber entschieden werden, ob die Zahl der Wechselwähler tatsächlich beständig steigt, wie es die Wahlforschung zu großen Teilen annimmt (Vgl. Woyke 2000: 634). Es können jedoch zumindest einige Überlegungen angestellt werden, die eine bejahende Antwort auf diese Frage nahe legen. Also: Wahlverhalten unterliegt langfristigen Einflüssen, z. B. dem Sozialisierungsprozess. Ferner wirken sich drastische Veränderungen der Sozialstruktur auf die Sozialisierungsmuster der Mitglieder einer Gesellschaft aus. Wird berücksichtigt, auf welche Weise sich die gesellschaftliche Sozialstruktur verändert, trifft sich die Schlussfolgerung einer wachsenden Wechselwählerschaft beinahe von selbst. Besonders die unter Punkt 4 dargestellte Bildungsexplosion spricht dafür, dass Wähler eher rational als aufgrund sozialer Prägung entscheiden. Und rational zu entscheiden ist gleichbedeutend mit einer höheren Wechselwahrscheinlichkeit. Insbesondere, weil sich die deutschen Parteien bekannterweise inhaltlich immer weiter annähern, so dass mittlerweile bereits keine grundsätzlichen Positionsdifferenzen zwischen ihnen mehr existieren. So hegt und pflegt die SPD heute auch die Wirtschaft, engagiert sich die CDU im Umweltschutz und stimmen die Grünen dem Kosovoeinsatz der Bundeswehr zu. Schon seit einiger Zeit verficht selbst die ehemalige Sozialisten-Partei SPD nicht mehr den Sozialismus sondern präferiert wie alle potentiellen Regierungsparteien die soziale Marktwirtschaft. Aus rationaler Sicht stehen einer Wechselwahl also keine bedeutenden inhaltlichen Unterschiede der verschiedenen Parteien entgegen.

Literaturverzeichnis

Andersen, Uwe und Wichard Woyke (Hrsg.) (2000): Handwörterbuch des politischen Systems der Bundesrepublik Deutschland. Opladen.

Bürklin, Wilhelm P. (1998): Wahlverhalten und Wertewandel. Hagen.

Forschungsgruppe Wahlen (1985): Wahl im Saarland – Eine Analyse der Landtagswahl am 10. März 1985, Berichte der FGW e. V., Nr. 40. Mannheim.

Haffner, Sebastian (1980): Überlegungen eines Wechselwählers. München.

Kaltefleiter, Werner und Peter Nißen (1980): Empirische Wahlforschung. Eine Einführung in Theorie und Technik, Paderborn u. a.

Kevenhörster, Paul (1997): Politikwissenschaft Band 1: Entscheidungen und Strukturen der Politik. Opladen.

Korte-Krieger, Ute (1994): Wechselwähler. Verdrossene Parteien – Routinierte Demokraten. Pfaffenweiler.

Lazarsfeld, Paul F. u. a. (1969): Wahlen und Wähler. Soziologie des Wahlverhaltens. Neuwied und Berlin.

Lipset, Seymour M. und Stein Rokkan (1967): Party Systems and Voter Alignments. New York.

Merten , Klaus u. a. (Hrsg.) (1994): Die Wirklichkeit der Medien. Opladen.

Neu, Viola (1992): Theoretische Erklärungsansätze des Wahlverhaltens in den neuen Ländern der Bundesrepublik Deutschland. Sankt Augustin.

Schmitt-Beck, Rüdiger und Peter R. Schrott (1994): Dealignment durch Massenmedien? Zur These der Abschwächung von Parteibindungen als Folge der Medienexpansion. In: Klingemann, Hans-Dieter und Max Kaase (1994) (Hrsg.): Wahlen und Wähler. Analysen aus Anlaß der Bundestagswahl 1990. Opladen. S. 543-571.

Schultze, Rainer-Olaf (1991): Wahlverhalten und Parteiensystem. In: Landeszentrale für politische Bildung Baden-Württemberg (Hrsg.) (1991): Wahlverhalten. Stuttgart u. a.

Zelle, Carsten (1995): Der Wechselwähler. Opladen.